GALERIE UNIVERSELLE

DES HOMMES QUI SE SONT ILLUSTRÉS

DANS L'EMPIRE DES LETTRES,

Depuis le Siècle de Léon X jusqu'à nos jours,

DES GRANDS MINISTRES,

DES HOMMES D'ÉTAT LES PLUS DISTINGUÉS,

ET DES FEMMES CÉLÈBRES,

Depuis le commencement du Monde jusqu'à nos jours ;

Ornée de leurs Portraits :

*Dédiée à Leurs Altesses Sérénissimes Messeigneurs le Duc de CHARTRES,
le Duc de MONTPENSIER, & le Comte de BEAUJOLOIS.*

PRÉSENTÉE AU ROI.

C'est en les comparant qu'on peut mieux les connoître.

VOLTAIRE.

XIme LIVRAISON.

Prix 4 livres.

A PARIS,

L'AUTEUR, M. le Comte DE LA PLATIÈRE, en son Hôtel, rue
Meslan, n° 58.
DELALAIN l'aîné, Libraire, rue S. Jacques.
MOUTARD, Imprimeur, rue des Mathurins.
Chez BAILLY, Libraire, rue S. Honoré, Barrière des Sergents.
SAVOYE, Libraire, rue S. Jacques.
BELIN, Libraire, rue S. Jacques.
LOTTIN de S. Germain, Imprimeur, rue S. André-des-Arcs.
BLAIZOT, Libraire, à Versailles.

M. DCC. LXXXVII.

Avec Approbation, & Privilège du Roi.

GALERIE

UNIVERSELLE.

Ex Biblioth.^{ca} Regia

VOLTAIRE.

GALERIE
UNIVERSELLE.

VOLTAIRE.

PÉRICLÈS, AUGUSTE, LÉON X & LOUIS XIV
ont fait époque dans l'Histoire des Lettres & des
Arts ; & leurs siécles portent leurs noms , comme
un hommage rendu à l'influence de leur régne sur
les progrès de l'esprit humain. VOLTAIRE n'eut point
de Trône, comme ces Grands-Hommes ; mais le
Sceptre du Génie qu'il porta seul & si long-temps ,
doit lui mériter la même gloire. La Postérité , pour
désigner, dans ses Annales, le moment où les fa-
cultés intellectuelles atteignirent le plus haut dégré ,
& prirent un ascendant absolu & universel , nom-
mera le *Siécle de Voltaire.*

    Paris le vit naître dans cette classe mitoyenne, où

A

fe réfugient ordinairement les talens & les mœurs, trop fouvent refufés aux premiers & aux derniers rangs de la Société civile.

Des envieux mal-adroits placent fon berceau dans la pouffière des champs, & n'en font d'abord qu'un Pâtre : on pourroit les prendre au mot ; & alors, le Grand-Homme, dont ils s'efforcent ridiculement de flétrir la mémoire, rappellera Orphée poliçant les Humains groffiers, aux accens de fa Lyre.

L'Ecrivain le plus laborieux & le plus fécond de fes contemporains, celui qui fournit fa longue carrière, comme le plus vigoureux Athléte, laiffoit à peine efpérer, à fa naiffance, quelques jours d'une vie languiffante.

Le premier Livre qu'il lut, fut le recueil des *Fables de La Fontaine* ; & la première qu'il goûta fut celle *du Corbeau & du Renard* : il ne manqua dans la fuite aucune occafion d'en faire l'application.

Voltaire, né Poëte, fit des Vers auffi-tôt qu'il fçut lire ; & des genoux de Ninon (1), il paffa chez les Jéfuites, qui fçurent bien-tôt l'apprécier. Les plus modérés d'entre eux ne s'allarmèrent point des difpofitions qu'il montroit. Le P. *Porée* démêla dans fon Eléve tout ce qu'il devoit être un jour ; mais il fe garda bien d'étouffer des germes heureux qui devoient produire de si beaux fruits ; & pensa que les grandes qualités du cœur dédommageroient en lui des brillants écarts de l'imagination.

Bien différent de ces jeunes Versificateurs qui, doués de bonne heure de la science des mots, croient pouvoir se passer de celle des choses, & restent, toute leur vie, l'oreille pleine, & la tête vuide ; Voltaire se montra l'ami de la Raison presqu'en même-temps que de la Rime.

Un vieux Militaire, oublié de la Cour, choisit sa Muse pour truchement ; Mars dut un repos honorable aux prémices d'Apollon.

Sorti du gymnase, chargé de couronnes, Voltaire retourna dans la maison paternelle ; &, malgré les clameurs de toute sa famille, embrassa ouvertement l'état d'Homme-de-Lettres. Sa vocation n'étoit pas équivoque. Son premier pas dans cette lice brillante, fut un acte de bienfaisance. *J.-B. Rousseau*, banni de la France, végétoit en Suisse, à la merci du besoin. Voltaire partagea avec lui le legs que Ninon (1) de Lenclos avoit réservé pour acheter des livres au jeune Protégé du bon Abbé de *Château-Neuf*.

A ij

Devenu le familier de *Vendôme* & de *Conti*, le Commenfal de *La Farre* & de *Chaulieu*, il fe fortifia, au fein de cette Société aimable, dans les principes de Tolérantifme, qu'il pouffa enfuite trop loin peut-être dans fes Ecrits Philofophiques, & qu'il n'obferva pas affez dans fes Pamphlets.

Son père, qui n'avoit pas la vue plus étendue qu'il ne faut à la Profeffion qu'il exerçoit avec honneur parmi fes concitoyens, ne vit pas, fans inquiétude, fon fils lancé dans ce qu'on nomme le grand monde. Il ignoroit que tous les Grands-Seigneurs ne fe reffemblent pas, & que, dans la foule des Inutiles-Titrés qui rampent à la Cour, & qui fcandalifent la Ville, il fe trouve des *N****, des, &c. amis éclairés des Lettres. L'acquifition d'une Charge de Confeiller au Parlement fut offerte à *Voltaire*. »Non! répondit-il, je veux être Homme-de-Lettres; »la gloire ne s'achete pas «.

Il n'avoit donné encore que de grandes efpérances; le moment de les réalifer arriva bien-tôt. *Corneille* n'étoit plus. *Racine* n'étoit plus. *Crébillon* étoit feul pour les remplacer. *Œdipe* parut; & l'Auteur de cette Tragédie, auftère comme l'Antique, n'avoit que dix-fept ans. Il eft vrai qu'il ne connut l'Amour qu'après avoir achevé ce chef-d'œuvre , qui n'eut pas tout de suite les honneurs de la repréſentation ; mais qui , déſormais , ſera l'un des principaux ornemens de la Scène Françoiſe.

De nouvelles tracaſſeries de la part de ſon père , dont il ne parloit pas la langue , l'obligea à de nouveaux ſacrifices. Pour rentrer en grace , il fallut conſentir à prendre quelques leçons de chicane. Les momens que Voltaire donna , malgré lui , à cette étude mauſſade , ne furent pas tout-à-fait perdus pour lui ; il y apprit au moins ce qu'on appelle le train des affaires , & le jargon de ceux qui vivent aux dépens des malheureux qui en ont. Connoiſſance utile , ſur-tout aux Gens-de-Lettres.

Un ſéjour , plus triſte & plus redoutable encore que le Cabinet poudreux d'un ſuppôt des Loix , attendoit le jeune Poëte , jouet d'une mépriſe. En pareille ſituation , un Poëte trouve peut-être en lui autant de reſſources que le Sage ; l'un a ſa conſcience; l'autre a ſon imagination. Voltaire, détenu à la Baſtille , par l'ordre de Louis XV , conſacra le temps de ſa captivité à la gloire de Henri IV. La Nation lui ſçut gré d'un procédé auſſi généreux.

Un ſuccès éclatant lui fit bientôt oublier les

horreurs d'une folitude forcée. En montant fur le Théâtre, *Œdipe* annonçoit à la France un digne fuccefleur des premiers Tragiques anciens & modernes. Le Régent fe déclara le Mécène du nouvel Auteur, qu'adoptoit la Nation enivrée ; & fit taire le bourdonnement des infectes mal faifans qui vouloient mordre au talon l'Achille Littéraire.

De nos jours, la production la plus mince excite la curiofité des fpectateurs ennuyés ; on veut jouir de l'embarras de l'Ecrivain Dramatique, qui n'a pas craint de produire fon efprit au grand jour ; on aime à chercher, à trouver quelques rapports entre le perfonnel de l'Auteur & fa Piéce : la docilité qu'on rencontre à cet égard, ne tourne pas fans doute à l'avantage des Lettres, & compromet leur dignité. Voltaire, jeune encore, fçut mieux la foutenir. Il offroit au Public une nouvelle Tragédie, & une Actrice inftruite à fon école. L'une & l'autre furent impitoyablement fifflées dès les premières fcènes. Animé par cette double injuftice, il fe préfente fur le bord du Théâtre, brave les nouveaux murmures qui s'élévent à fon apparition fubite, met en jeu l'éloquence de fon âge & du moment, & raméne le Parterre, injuftement prévenu, à ce calme néceff... e pour l'examen & le jugement d'une production Dramatique. *Artemire* fut continuée au bruit des acclamations. Il est vrai que l'Auteur, qui en imposoit déjà, avoit été reconnu, & faisoit taire l'Envie déconcertée par cette démarche hardie.

Cet événement dégoûta, pour l'instant, Voltaire du séjour de la Capitale. Et, en effet, les Gens-de-Lettres ne devroient peut-être pas s'obstiner à en faire leur demeure habituelle. Le séjour de la Capitale polit les Mœurs & le goût ; mais il en coûte cher au Génie ; il y perd cette verve, cette chaleur qu'on ne peut alimenter qu'au souffle vivifiant de la Nature. Il faut être en sa présence ; il faut avoir sous les yeux ses sublimes tableaux, pour se livrer à de fortes conceptions. La Ville n'offre que des miniatures & de la marqueterie.

Que ne pouvons-nous taire la rupture éclatante qui eut lieu, à cette époque, entre J.-B. Rousseau, réfugié à Bruxelles, & Voltaire le visitant, le consolant, l'appellant son Maître, mais se livrant trop à la candeur de son âge avec un grand Poëte, que le malheur avoit aigri & rendoit susceptible ! De quelque côté que soit le grief, Hommes du monde, ne vous croyez pas autorisés à médire des Gens de-

Lettres : le génie a ſes écarts , & l'eſprit n'éclaire pas toujours ſur les foibleſſes du cœur. Le plus ſage doit payer ſon tribut aux paſſions ; ce ſont les maladies de l'ame contre leſquelles on ne peut pas plus ſe mettre en garde que contre les accidens de la ſanté.

Voltaire , attaqué de la petite vérole , à ſon retour en France , éprouva combien il étoit chéri. L'Amitié & l'Amour s'empreſſèrent à ſes côtés , & la ſenſible *Le Couvreur* ne le quitta pas.

Le ſuccès de la Tragédie de *Mariamne* hâta ſa convaleſcence. Mais une affaire d'honneur , dans laquelle on fit intervenir le Gouvernement , l'exila de ſa Patrie. Il tourna ſes pas vers cette Iſle fameuſe , le chef-lieu de la Liberté. L'air qu'il reſpira en Angleterre , ſembla le régénérer : il y converſa avec *Newton* & *Pope.* Penſer tout haut étoit pour lui un beſoin qu'il n'avoit pas encore pu ſatisfaire pleinement. Il eſt ſi doux , pour une tête fortement organiſée , de ſe livrer ſans contrainte à la ſucceſſion rapide de ſes idées , & de les produire au dehors en toute ſécurité!

Il crut auſſi que c'étoit le temps & le lieu de publier enfin la *Henriade* , dont l'impreſſion lui avoit été interdite dans ſon pays natal. Ce beau Poëme National , (Epique ou non) fut adopté dans toutes les

langues

langues de l'Europe. Les Anglois fur-tout accueil-
lirent un Ouvrage où l'imagination docile fe laiffe
guider par la Philofophie ; où le fanatifme & la
fuperftition font peints avec une vérité propre à ré-
volter ceux même qui fe furprendroient coupables de
ces excès.

Voltaire ne refta que trois années en Angleterre.'
On doit regretter qu'il n'y ait pas fait un féjour plus
long : à la hardieffe , à l'élévation naturelle de fon
génie , il eût joint la profondeur & le nerf qui doivent caractérifer les Ecrits du vrai Philofophe : fon
Brutus auroit eu fans doute plus de fuccès à Londres
qu'à Paris.

L'amour de la Patrie le ramena dans cette dernière Capitale : il voulut s'y dérober pendant quelque
temps à fa propre gloire ; mais il publia l'Hiftoire
de Charles XII. & cette production nouvelle étoit
peu propre à le laiffer oublier , puifqu'elle le plaça
au premier rang des Hiftoriens François. C'eft là qu'il
apprécie le véritable Héroïfme , & met à leur place
ces Perfonnages trop fameux qui occupent , on ne
fçait pourquoi , les cent bouches de la Renommée
infatigable.

Il n'eft pas bon que l'Homme-de-Lettres foit dans

B

un dénuement total des biens de ce monde ; l'urgente nécessité est une entrave au génie, pire peut être que les chaînes du Despotisme. L'Ecrivain indigent ne tient pas toujours sa plume ferme entre ses doigts. D'ailleurs, il est bon aussi qu'il en impose à ses compatriotes par un extérieur décent, & puisse se passer d'eux quant aux détails domestiques & aux besoins journaliers. Le Philosophe aisé a du moins ce précieux avantage de pouvoir peindre les charmes de la bienfaisance & de la générosité, d'après sa propre expérience.

Voltaire se mit dans cette heureuse position, & trouva des ingrats dans presque toutes les classes de la Société. Il sçut réconcilier la Fortune & les Muses, à la grande satisfaction des deux Partis ; &, jusqu'à son dernier souffle, il put d'une main faire le bien, & de l'autre exhorter à le faire. Il se piqua, toute sa vie, de fortifier le précepte par l'exemple, & de diriger la pratique par la théorie. Pourquoi n'a-t-il pas laissé plus d'imitateurs ? Pourquoi ceux qui courent la même carrière, ne se montrent-ils pas plus empressés à gagner cette double considération dont il jouissoit à de si bons titres ? Voltaire n'eût point eu une influence aussi marquée sur son siécle, sans cet heureux alliage des dons de la fortune & du génie.

Voltaire ne se bornoit pas à rendre des services pécuniaires ; il brava le préjugé & ne suivit que les mouvemens de son cœur généreux , dans les derniers devoirs qu'il consacra à la sensible *Le Couvreur*. Il lui ferma les yeux , & défendit sa mémoire outragée , contre ceux dont elle avoit arraché des larmes pendant sa vie , & qui n'en trouvoient plus pour honorer sa sépulture. Que n'a-t-elle vécu assez , pour s'identifier le Rôle de *Zaïre* qui fut jouée quelque temps après sa mort. Toutes les femmes se trouvèrent un cœur à la Représentation de cette Tragédie : mais les critiques , ennemis de leurs plaisirs, n'y virent qu'un roman dialogué. Les malheureux ! ils n'avoient apparemment jamais aimé.

Voltaire répondit à tous ses envieux, par *Adélaïde du Guesclin* , & la *Mort de César*. Que ne leur a-t-il répondu toujours ainsi ! Ces deux dernières Pièces n'obtinrent pas tout de suite le rang qu'elles ont , & qu'elles garderont , tant qu'il y aura du Patriotisme & de la Liberté.

Une persécution plus grave, motivée par un Poëme plus lû encore que la *Henriade* , s'éleva contre lui,

& lui procura , contre l'attente de fes ennemis ,
les plus douces années de fa vie ; celles qu'il paffa à
Cirey, au fein de la plus tendre amitié : exemple
que devroient fuivre tous ceux qui s'adonnent aux
Lettres. Les Sciences & les Mufes font ennemies
des diffipations & du bruit. Un bon Livre ne fçauroit être trop connu ; fon Auteur, au contraire ,
ne fçauroit vivre trop ignoré.

C'eft à Cirey que Voltaire compofa la plupart
de fes Chefs-d'œuvre. C'eft de cette retraite que
fortit *Alzire* , Pièce bien fupérieure à *Zaïre* , pour
la moralité du fujet ; & *Mérope*, & l'*Enfant prodigue*,
& *Mahomet*, la première, peut-être , des Tragédies
de ce grand Poëte. C'eft là auffi qu'il crayonna ces
belles *Épîtres fur l'Homme*, bien plus Philofophiques
que l'*Effai fur l'Homme*, de *Pope*. C'eft à Cirey que
ce Génie univerfel, aidé de la fçavante Du Châtelet,
francifa Newton. C'eft là qu'il auroit dû peut-être
féjourner tout le refte de fa vie , & d'où il n'auroit
dû jamais fortir , pas même pour fe tranfporter à la
Cour de Berlin.

La place du Sage n'eft pas dans le Palais d'un
Roi. Un Souverain Philofophe , n'eft jamais affez
Philofophe pour oublier tout-à-fait qu'il eft Souve-

rain. Un homme de génie peut aller fans doute de pair avec un Grand de la Terre , mais de loin. Trop près l'un de l'autre , ces deux rivaux fe heurtent tôt ou tard ; & la chute n'eft pas égale. L'amour-propre refroidit l'amour de la Philofophie; & le Sage humilié rentre chez lui , regrettant des jours qu'il efpéroit employer mieux.

Toutes ces confidérations ne vinrent pas à l'efprit de Voltaire , appellé & accueilli par le Grand Frédéric , le feul Roi digne alors d'être fon Mécène.

L'admiffion dans un corps littéraire , peut être plutôt recherchée par un homme de génie , que fes entrées à la Cour : le Fauteuil convient mieux au Génie qui médite , qu'au Courtifan qui rarement fçait penfer & fe fixer. Une place académique ne peut convenir à ces beaux-efprits qui ne font que cela. Voltaire n'eut point l'orgueil de fe mettre audeffus du titre d'*Académicien* , & fit des démarches pour l'obtenir. L'Auteur d'*Œdipe* & de *Brutus* , de la *Henriade* & de *Charles XII.* fut affez modefte pour demander la faveur de fuccéder à La Fage. L'Auteur de *Zaïre* & de *Mérope* , d'*Alzire* & de *Mahomet* réitérera fes inftances pour s'affeoir dans le fauteuil où s'étoit affis La Mothe-Houdart ; & ,

chofe plus étrange encore ! il en fut exclus deux fois.
Mais, s'il murmura de ces refus , ce ne fut pas quand
il fe vit préférer l'Abbé de B**. Voltaire prit
enfin fon parti , & fe confola en paffant en Pruffe,
(1743) revêtu fecrétement d'un caractère honorable
& important.

Quelques frondeurs trouvèrent fort mauvais que
Voltaire ait été fi long-temps privé de marques de
diftinction. Ce ne fut qu'à cinquante ans qu'il s'en
vit décoré , après avoir fait *Œdipe* à dix-fept. Mais
il eft évident que ces frondeurs avoient tort. Une
Place de Gentilhomme de la Chambre du Roi ,
étoit la digne récompenfe de la *Princeffe de Na-
varre* & du *Temple de la Gloire ;* productions éphé-
mères , fruits de la complaifance. Un Brevet d'Hi-
ftoriographe de France , & un fauteuil à l'Académie
Françoife , payoient dignement quelques Notes fur
les événemens Politiques du temps , & le Poëme de
la *Bataille de Fontenoy.* Mais quelle décoration eût
pu être digne de l'Auteur de plufieurs Chefs-d'œuvre , tels que *Mahomet* & *Mérope ?* L'opinion publique en étoit le feul falaire. Voltaire ne fe vit pas
obligé à briguer fa Place dans le Temple de l'Immortalité , & n'en fut pas redevable à la recomman-

dation d'une Favorite. Tout eſt à ſa place plus qu'on ne penſe ; & de quel droit un Grand-Homme, qui n'eſt que cela, prétendroit-il aux honneurs ? Il ne lui faut que de la gloire. N'eſt-il pas juſte qu'il devienne Poëte de Cour, pour avoir part aux petites diſtinctions, & aux bienfaits de la Cour.

Voltaire ſe vit enfin aggrégé aux Quarante de l'Académie Françoiſe. Notre ſiécle n'aura pas du moins à ſe juſtifier des mêmes torts que ſous le grand ſiécle de Louis XIV, à l'égard de Molière. Il eſt vrai que J. J. Rouſſeau ne fut pas non plus Académicien.

Voltaire étoit un peu moins déplacé au Louvre qu'au Château de Verſailles, où il eut le déplaiſir d'entendre applaudir *Catilina*, & ſiffler *Sémiramis* ; de voir les honneurs de l'Imprimerie Royale refuſés à ſon Poëme National, & accordés au Théâtre de l'Auteur de *Catilina*. La Ville, les Provinces, & toute l'Europe prirent ſoin de ſa vengeance, en prodiguant l'admiration à tout ce qui ſortoit de ſa plume brillante & féconde. Il alla ſe conſoler auſſi à la petite Cour de Sceaux, où le goût, ſans prétention, & les grâces, ſans étiquette, le prirent pour leur arbitre.

Après avoir paru à la Cour de deux Rois, un troisiéme l'appella à la sienne, & sçut l'y retenir quelque temps sans dégoût. Stanislas méritoit peut-être la préférence. Un Grand-Homme étoit à son aise dans son Palais. Un Roi sans Diadême est bien plus aimable qu'un Souverain victorieux ou puissant. L'ambition ayant peu à espérer, ne se donne pas la peine de tendre des piéges autour de lui ; les roses n'y ont point d'épines.

Partout où Vénus passoit, (disent les Poëtes) elle laissoit sur ses traces des nuages d'essences parfumées. L'imagination riante de Voltaire, marquoit aussi tous ses pas par des productions aimables & légères. Lunéville vit éclore *Nanine*, *Babouc* & *Zadig*.

Si *Nanine* rappelloit le Roman de *Paméla*, ce Drame prouvoit en même-temps que tout ce qui tomboit sous les mains du grand Poëte, se convertissoit en or.

Sous son pinceau agréable & badin, Paris se reconnut dans *Babouc*, & sourit à son image.

L'original de *Zadig* eut un peu plus de peine à retrouver ses traits, dans cette plaisanterie innocente & fine ; son Auteur n'auroit dû s'en permettre que de cette trempe. Avouons-le ; il confondit trop sou-

vent

vent le farcafme amer avec l'ironie fans fiel ; & il
honora trop fouvent fes ennemis, en leur donnant
de l'importance.

Les Dieux de la terre ne peuvent réparer la perte
d'une amie, & leurs faveurs ne fauroient remplir le
vuide du cœur. Voltaire ne put refter dans le lieu
même de la mort de la Marquife du Châtelet ; il
fe hâta de revoir fa Patrie, pour y trouver des confolations au milieu de fes amis, & des palliatifs dans
le fein de la Renommée ; car les hommes à grands
talens, doués néceffairement d'une fenfibilité plus
exquife que celle du vulgaire, feroient trop malheureux, & fuccomberoient bien vîte fous le poids de
leurs peines, fi la main officieufe de la Gloire ne
venoit fermer les plaies de l'Amour. Elle n'avoit prefque plus rien de nouveau pour Voltaire ; fon oreille
devoit être familiarifée avec les concerts d'éloges qui
accompagnoient chacune de fes productions. Mais la
louange eft peut-être la feule des jouiffances qui ne
blâfe point. Les plaifirs ne font pas à l'abri de la
fatiété ; la louange la plus prodiguée paroît toujours
nouvelle.

Orefte lutta affez heureufement contre l'*Electre* de
Crébillon ; mais *Rome fauvée* procura à fon Auteur

C

un triomphe plus complet fur fon Rival. Heureux les fpectateurs qui ont vu le rôle de Cicéron rempli par Voltaire lui-même, fur le Théâtre de Sceaux. L'illufion y fut portée à fon comble. L'ame du Conful Romain étoit toute entière dans le gefte du Dramatique François, de même que l'éloquence du premier dans les vers du fecond.

La fcène change. Berlin poffède enfin Voltaire, qu'on défiroit depuis long-temps y fixer. Le premier des Rois de fon fiécle, follicita l'amitié du premier des Poëtes. Ces deux Grandes-Têtes, toutes deux chargées de lauriers, étoient faites pour fe rappro-cher,& communiquer de bouche. L'Europe éclairée, attentive à ce Phénomène, crut voir revivre les beaux jours de la Grèce & de Rome. Que ne dût-on pas, en effet, attendre de l'affociation de l'Héroïfme & de la Philofophie. Malheureufement elle ne fut qu'une liaifon de plaifir. Le Prince étoit trop abfolu pour partager fon adminiftration avec le Philofophe ; & le Philofophe n'étoit peut-être pas affez profond pour profiter de la circonftance, & réalifer les beaux rêves de Platon. Ces deux Perfonnages ne firent que fe donner en fpectacle, & le Genre-Humain ne tira aucun fruit de leur réunion. Mais du moins ce fut déjà un grand pas de fait. La diftance qui fépare le Pouvoir de la Science, étoit franchie ; & la Poftérité pourra peut-être un jour profiter de ce grand exemple.

Frédéric reçut Voltaire à Poftdam , comme fon meilleur ami, & fur le pied de la plus parfaite égalité; même Palais , même table , mêmes équipages : le Prince détacha de fon côté la Croix de mérite , pour en décorer le Sage.

La préfence de Voltaire apporta d'abord les plus heureux changemens à la Cour de Pruffe. Les principaux Perfonnages de fes Drames fublimes furent repréfentés par des Princes & des Princeffes : ces plaifirs étoient entremêlés d'entretiens graves. Le Roi, qui n'aimoit point à prendre confeil, faififoit adroitement les idées lumineufes qui jailliffoient du cerveau du Philofophe provoqué à deffein ; enforte que les leçons de Poéfie que le premier ne rougiffoit pas de prendre du fecond, ne furent pas les feules qu'il en reçut.

Voltaire, en Pruffe, eut des honneurs & de la confidération ; mais n'y fut pas plus tranquille qu'ailleurs. Il femble que le Deftin lui avoit dit : Tu auras du génie & de la gloire , fous peine de ne goûter jamais le repos ; & cela ne pouvoit guères être autrement. Le Grand-Homme est une espéce d'homme public , qui ne peut rester neutre dans ce qui se passe autour de lui ; il faut qu'il y joue un rôle , qu'il le veuille ou non. Voltaire essuya à Berlin & à Postdam , à peu près les mêmes tracasseries qu'à Paris & à Versailles. Quelques mots imprudens lui enlevoient la faveur de son Mécène , ou lui valoient l'animosité des Courtisans subalternes du Prince. Voltaire étoit toujours l'astre rayonnant ; mais on lui avoit donné des satellites envieux qui cherchoient à l'obscurcir , & qui parvinrent plus d'une fois à l'éclipser un moment ; ce qui n'étoit pas difficile entre deux hommes tels que le Poëte François & le Héros Prussien.

Frédéric II. n'avoit point de rivaux dans l'art de régner ; mais il avoit un maître dans ses prétentions au bel-esprit : ce Grand-Homme eut la foiblesse de se repentir par-fois d'avoir appellé si près de lui un autre Grand-Homme , quoique dans une toute autre carrière. Celui-ci , pour avoir la paix , faisoit autant qu'il le pouvoit des sacrifices de son amour-propre ; mais , comme on ne lui en savoit pas toujours gré , l'impatience menoit aux indiscrétions , & tout alloit mal. D'ailleurs les Pigmées qui s'agitoient autour de ces deux Colosses, les importunoient par leurs bourdonnemens incommodes, & rompoient l'unisson.

Cependant, il faut le dire, les plus grands torts étoient peut-être du côté du Monarque. Frédéric eut été grand en tout, si, du moment de l'arrivée de Voltaire en Prusse, s'en tenant à lui seul, il eut fait main-basse sur tout le reste, & purgé son Palais de tous ces demi-talens, qui n'ajoutoient rien à sa gloire. Que ne reléguoit-il dans son Académie, *Algarotti* & *d'Argens*, *La Beaumelle* & *Chazot*, *Kœnig* & *l'Abbé de Prades*, & d'autres encore, & *Maupertuis* à leur tête ! Qu'avoit-on besoin d'eux à Potsdam ? l'honnête *d'Arget* eût suffi pour entretenir la concorde entre les deux Illustres Amis, & pour leur servir de truchement dans leurs malentendus. L'affaire du Juif *Hercheld* eût été bien vîte terminée, sans compromettre l'honneur & le repos de personne. C'eût été un beau spectacle que celui de Frédéric & de Voltaire, liés d'une amitié étroite, se consultant pour faire de bonnes Loix & de beaux vers, & veillissant ensemble sous la même Auréole ; abandonnés à eux-mêmes, ils eussent été capables de cette confraternité sublime. On les eût vu marcher de front à l'Immortalité , & prendre leur place au Temple de la Gloire, à côté l'un de l'autre , & en se donnant la main. Eux-mêmes se seroient chargés d'être l'Historien l'un de l'autre : Frédéric eut fait de Voltaire un *Eloge* moins sec ; & Voltaire , pour écrire les *Mémoires* de Frédéric , auroit eu recours à la même plume à qui nous sommes redevables du *Siècle de Louis XIV* , composé au milieu des orages de la Cour de Berlin. Loin de l'éconduire , dépouillé de ses marques distinctives , le Roi eût , au contraire , couvert de son manteau le Philosophe en butte aux traits de la jalousie & du fanatisme.

Sans doute alors celui-ci auroit embrassé le parti de l'*Optimisme* ; mais il n'eut que trop de motifs de croire au système opposé , jusqu'à l'époque où renonçant à l'amitié des Rois , il se borna à l'estime de ses égaux , & à l'admiration de ses contemporains.

Un nouvel ordre de choses va succéder à l'existence agitée que Voltaire a menée jusqu'à présent. Il va se montrer tout entier , du moment que , fixé dans son Habitation des *Délices* , il pourra goûter les douceurs de la paix & de l'indépendance , sans lesquelles il n'y a pas de bonheur véritable.

Les plaisirs délicats qu'il raſſembla dans ſon agréable Retraite , ne lui firent rien perdre de ſon énergie. Il y compoſa *Gengis-Kan* , l'un de ſes plus beaux Drames Tragiques , & une *Hiſtoire Générale* : cette dernière production lui valut les honneurs de la Médaille , avec cette Légende :

IL ARRACHA

AUX NATIONS

LE BANDEAU DE L'ERREUR.

Dans cet Ouvrage , eſpéce de ſupplément à l'*Hiſtoire Univerſelle* de Boſſuet , tout n'eſt pas exact , ſans doute : dans ce large Tableau des Nations , Voltaire ne ſe piquoit pas d'être le plus habile des Chronologiſtes ; mais il auroit pu prétendre à la première Place parmi les Hiſtoriens Moraux.

Mais , dira-t-on , il n'a pas toujours gardé la dignité de l'Hiſtoire ; il lui échappe des ſarcaſmes dans le récit des événemens les plus impoſans. C'eſt que cet Ecrivain adroit connoiſſoit la trempe de l'eſprit humain. Il ſçavoit qu'on inſtruiſoit mieux , & plus

vîte , en cherchant à plaire , qu'en courant les rif-
ques d'ennuyer ; & le fuccès a juftifié fa méthode.
Qu'importe alors que l'Hiftoire fe rapproche un peu
du Roman.

Candide , qui parut prefqu'en même-temps , prou-
va que ce genre frivole eft fufceptible de fervir de
cadre aux vérités les plus fortes , aux leçons les plus
utiles ; & que la Sageffe , loin de fe compromettre
fous les livrées du Plaifir , fe fait des partifans de ceux
qu'elle eût dégoûtés d'elle infailliblement , fous le
manteau de la gravité.

Le féjour de Voltaire aux *Délices* , étoit fur le
territoire , & voifin de Genève ; & cette Ville Ré-
publicaine fe trouvoit la Patrie d'un Homme , à l'af-
pect duquel Diogène eût éteint fa lanterne. . . .

.   .   .   .   ,   .   .   .

.   .   .   .

.   .   .   .

.   .   .   .   A l'âge où
Voltaire touchoit déjà au point le plus élevé de
fa réputation , J.-J. Rouffeau n'étoit encore connu
que de lui-même : mais ce génie ardent n'eut point
d'aurore ; & , du premier bond , atteignit le milieu de
fa carrière.

Rivaux

Rivaux de gloire, on voulut leur perfuader qu'ils étoient ennemis ; mais ils s'eftimoient mutuellement dans le *forum* de leur confcience ; & , s'ils ne fe rapprochèrent pas plus près l'un de l'autre , fans doute c'eft que chacun d'eux avoit fa contenance perfonnelle à garder. J.-J. Rouffeau, qui avoit frondé le Luxe & les Arts, qui font le charme & font le poifon de la Société , ne pouvoit pas décemment habiter aux Délices. Voltaire , Miffionnaire de la Raifon auprès des Gens du monde, avoit cru devoir adopter leurs douces habitudes pour gagner leur confiance , & finir par leur faire prendre le change à leur infçu.

Ainfi donc ! vous qui cherchez à vous foulager du poids de votre nullité ; vous que la fupériorité de quelques-uns de vos femblables afflige & rend malades ! ne citez pas ces beaux Génies à votre Tribunal incompétent, & ne les accufez pas fur-tout d'avoir compromis , par leur conduite refpective , les belles maximes qu'ils profeffaient dans leurs Ecrits immortels. Ils furent quelquefois hommes comme vous; mais vous ne ferez jamais de Grands-Hommes comme eux ; admirez-les de loin ; baifez leurs livres avec refpect; éclairez-vous de leurs lumières ; mais ne médifez pas

D

des Aftres , parce qu'ils fouffrent des éclipfes.

Le Soleil , au moment où il lance fes rayons les plus ardens , fait éclore du milieu de la fange des nuées d'infectes impurs qui ne fçauroient le fouiller , mais dont le grand nombre intercepte un moment fa clarté.

Le Philofophe des Délices , & le Sage de Genève fe virent de même harcelés par quantité de petits ennemis , dont la plupart vivoient des injures qu'ils débitoient au plus offrant. J.-J. Rouffeau daigna à peine s'appercevoir de leur exiftence. Il mit fur fa bouche le doigt du filence , & continua fon chemin dans la lice honorable qu'il s'étoit frayée , & qu'il parcourut en vigoureux Athléte.

Voltaire , en cela du moins , auroit pu l'imiter. On dit qu'il fe délaffa de fes grands travaux , en faifant juftice lui-même de fes envieux. Mais Hercule ne confacra jamais fon repos à combattre les Harpies.

Le lion, dans l'Arêne , fecoue de temps en temps fa crinière, pour fe débaraffer des limiers qu'on a lâchés fur lui de toutes parts ; mais il ne s'abaiffe pas jufqu'à les honorer d'un coup de fa dent , & ne s'acharne jamais fur des êtres méchants mais foibles. Du fond de fa tannière , il les regarde avec

dédain, & fourit de pitié à leurs attaques lâches &
impuiffantes. *Desfontaines*, *Fréron* & leurs pareils
ne pouvoient, tout au plus, que falir la bafe du monument de gloire que toute l'Europe élevoit à
Voltaire. Plaignons ce Grand-Homme d'avoir quelques fois renvoyé le trait décoché fur lui par des
mains viles & regrettons le temps qu'il a perdu à
répondre aux fatyres périodiques dont il étoit le
principal but. C'étoit là le défaut de fa cuiraffe.

Et vous, nés affez malheureufement pour être
bleffés de la Lumière, rentrez, pour toujours, dans
les ténèbres d'où vous n'auriez jamais du fortir. Que
votre exemple du moins ferve pour l'avenir ; vos
petits libelles font oubliés ; il en refte à peine les
titres pour attefter à la Race future qu'il fut un
temps où l'on ne pouvoit avoir du génie impuné-
ment. Vous-vous êtes applaudi d'avoir un moment
troublé le repos du Sage ; mais ceux d'entre vous
qui ont furvécu au Grand-Homme recueillent aujourd'hui leur jufte falaire. Sur la tombe du Grand-
Homme qui n'eft plus, voyez déjà la Poftérité ex-
pier le crime de fes Contemporains, en flétriffant
à jamais le nom de fes calomniateurs. Ainfi l'Aréo-
page, après la mort de Socrate, pourfuivit fes dé-

lateurs ; juſtice tardive , mais qui du moins dut
rendre plus circonſpects les Anitus , les Lycons &
leur honteuſe cohorte.

Cependant les amateurs de la Poëſie légère ont
quelques obligations aux perſonnages ridicules qui
excitèrent la verve de Voltaire , & firent éclore
de ſon cerveau malin quantité de petits Poëmes ,
tels que *le Pauvre-Diable* , *le Ruſſe à Paris* , *la*
Vanité , Chefs-d'œuvre de plaiſanterie , productions
piquantes , pleines d'originalité & de ſel attique.

C'eſt au ſujet de tous ces petits démêlés littéraires que Voltaire écrivoit ces lignes au Roi de
Pruſſe , pour motiver ſes ſarcaſmes & ſon indignation poëtique.

» . . . . . aux yeux du Sage , rien n'eſt odieux que
» l'eſprit d'ignorance & d'orgueil , qui juge de tout
» ſuivant ſes petits uſages & ſes petites idées , &c.

Alors parut l'*Ecoſſaiſe*. Quelques ſpectateurs modérés , tout en applaudiſſant au *vis comica* de cette
Piéce , trouvèrent la correction un peu forte ; mais
l'Ordre public qui ne s'oppoſa point à la repréſentation , crut apparemment qu'il étoit convenable
d'effrayer , par un exemple frappant , ceux qui ſe-
roient tentés déſormais de ſe livrer au vil métier

du perfonnage défigné dans la Comédie du *Caffé*, fous le nom de *Frélon*.

On venoit de fe permettre, au même Théâtre, des perfonnalités bien plus révoltantes ; peindre le Vice & la Baffeffe fous leur mafque hideux, c'eft rendre fervice aux Honnêtes Gens, mais faire rire aux dépens de la Vertu , indignement ridiculifée , eft le comble de la dépravation & de la licence. Ces deux événemens contradictoires eurent pourtant lieu fur la Scène Françoife , à deux mois de diftance, en Mai & en Juillet de la même année 1760.

Nous laiffons à nos Lecteurs pénétrans le foin de réfléchir fur cette double anecdote , & fur les circonftances qui y ont concourru.

Voltaire, dans le même temps, fit jouer *Tancréde*, comme pour montrer que les petits combats finguliers ne l'avoient point épuifé ; & nous conviendrons fans peine que cette Tragédie étoit la meilleure réponfe qu'il put faire aux Ariftarques hebdomadaires qui s'en alloient écrivant que l'Auteur de la *Henriade* & de *Mérope*, de *Nanine* & de l'*Enfant Prodigue* , corrompoit le Goût & les Mœurs de fon Siécle & de fa Nation.

Mais une réplique, plus décifive encore, aux imputations odieufes qu'on ne craignit pas de ha-zarder contre la bonté de fon cœur, fut l'adoption de la petite fille de Corneille : le produit d'un Commentaire fur les Œuvres de fon grand-père lui fervit de dot. Jamais plus de délicateffe n'accom-pagna un bienfait. On reprocha au Commentateur généreux de n'avoir pas tout admiré dans l'Auteur commenté par lui ; une fecrette jaloufie, dit-on, préfida à la rédaction de la plupart des remarques ; le progrès de la Langue & de l'Art Dramatique ne dirigea pas toujours le Scalpel du Difféqua-teur ; fous la plume de Voltaire, devenu Scholiafte, Corneille perd fon embonpoint & n'eft qu'un fquellette.

Ces reproches graves étoient bien éloignés fans doute de l'intention de celui à qui l'on ne craignit pas de les adreffer, & bien peu conformes à l'é-vénement. Depuis leur publicité, l'Europe éclairée a-t-elle été moins conftante qu'auparavant dans fes hommages rendus au génie du grand Corneille ; feulement elle a fenti davantage les défauts que le père du Théâtre, chez les Modernes, devoit à fon Siécle qui n'étoit pas celui du goût.

Quand le Sage en a le choix, il féjourne plus volontiers fur le territoire d'une paifible Monarchie que fur celui d'une République turbulente & à moitié vendue à ceux de fes Voifins en état de l'acheter. Des *Délices* Voltaire paffe à *Ferney*; Ferney eft à fa Patrie, & rien ne peut l'en détacher.

L'Eglife du lieu compromettoit le Culte : les acceffoires influent plus qu'on ne penfe fur l'objet principal : le Peuple fe pénétre davantage de la majefté de fon Dieu dans un édifice régulier & propre que dans une grange. Voltaire, qui à travers fes écarts a toujours refpecté l'Unité Divine, faifit cette occafion pour lui bâtir un Temple, avec cette Infcription d'un laconifme fublime :

DEO

EREXIT

VOLTAIRE.

Il voulut auffi avoir journellement fous les yeux, l'afyle dans lequel, endormi d'un fommeil profond, il devoit un jour échaper enfin aux haines & aux perfécutions de fes Contemporains. Ce monument repofoit doucement fa vue, & le faifoit quelquefois

·fourite; il fembloit dire : » En ce temps-là , je n'en-
» tendrai plus les injures qu'on me prodigue ».

Voltaire fixé à Ferney, ce lieu , de ce moment
à jamais célébre , ne devint pas feulement le fanc-
tuaire du Goût & le foyer des Lumières ; l'inno-
cence de Calas, défendue par Voltaire avec tant
de philofophie & de chaleur, fit regarder Ferney
comme le Tribunal fuprême de la Raifon, auquel
les victimes des préjugés en appelloient de leurs ar-
rêts ; ceux de la Barre, Sirven, Martin, Montbailly,
&c. y furent revifés , & les méprifes de la Juftice
Criminelle dénoncées à l'indignation publique.

D'un autre côté, la vie privée de Voltaire à Ferney apprenoit à vivre aux Seigneurs de Paroiffes ; il
faifoit des exhortations paternelles à fes Vaffaux at-
tendris, fur le feuil du Temple qu'il venoit de bâtir
pour leur ufage ; il fourniffoit des inftrumens ara-
toires aux Laboureurs oififs parce qu'ils étoient indigens, & indigens parce qu'ils étoient oififs ; il
relevoit des chaumières & les meubloit ; il faifoit
défricher à fes frais & au profit des familles expi-
rant de befoin fur un fol fertile mais inculte.

On lui eut pardonné ces occupations parriarchales ;
mais en même-temps il écrivoit toujours , & c'eft

ce

ce que ſes Adverſaires craignoient le plus. Ses véritables amis euſſent déſiré peut-être auſſi qu'il laiſſât repoſer un peu ſon génie ; mais on n'avoit pas le courage de conſeiller l'inaction à cet Ecrivain, original juſque dans ſes délires. Du moins auroit-on pu lui peindre tous les inconvéniens attachés à la publicité de certains ouvrages qui n'auroient dû jamais franchir le *forum* de la plus étroite intimité. En effet, pour citer un exemple, qu'auroit-il enlevé à ſa gloire en faiſant à Vulcain un ſacrifice de la *Guerre de Genève* & de pluſieurs autres Manuſcrits de ce genre ?

Voltaire avoit reçu ſans doute un hommage tacite de chacun de ſes Lecteurs ; pluſieurs médailles avoient été frappées en ſon honneur ; & le Burin multiplioit ſon image en tous lieux : mais on ne lui avoit pas encore décerné de Monument public. La partie la plus ſaine de la Nation ſe montra jalouſe de lui rendre ce devoir éclatant, & en confia l'exécution à Pigalle, l'Artiſte le plus ami de la Nature & de la Vérité. Sur le piédeſtal, on grava cette conſécration :

STATUE
A VOLTAIRE VIVANT,
PAR LES HOMMES DE LETTRES,
SES COMPATRIOTES.

E

Tandis qu'à Paris le marbre s'animoit pour reproduire les traits du plus beau génie de la France, le Vieillard de Ferney, dans sa retraite, se couvroit d'une autre sorte de gloire ; il plaidoit pour la liberté de quinze mille Serfs, fondoit une Colonie d'Artistes, & bâtissoit une Ville, dont voici l'inscription de l'entrée principale :

IN VOLTERIOPOLIM.

Sumptibus has propriis struxit Voltarius ædes.
Hic effudit opes, dùm scriptis edocet Orbem.
Mœnia si starent, vatis dum scripta manebunt,
Urbs æterna fores ! æternum nomen haberes !

l'Abbé BELLONEY.

Traduction des Vers latins, précédens.

Voltaire, de ses propres deniers, éleva les Maisons de cette Ville, tandis qu'il remplissoit le monde de ses lumières. Si tes Murailles durent autant que ses Ecrits, ô *Ferney-Voltaire!* tu seras éternelle, comme le Nom de ton Fondateur.

Les travaux de l'esprit procurent des plaisirs vifs, sur-tout quand ils ont le suffrage des Honnêtes-Gens, & qu'ils sont couronnés des mains de la Gloire ; & Voltaire, à quatre-vingts ans, n'en

étoit encore *nec laffatus , nec fatiatus.* Son cœur
cependant lui préparoit , depuis plufieurs années ,
d'autres jouiffances encore plus épurées & plus com-
plettes ; il goûta à Ferney , le plaifir de faire des
heureux , dans toute fa plénitude. Le bien qu'il faifoit,
en tout fens , (qu'on nous permette cette expreffion)
le rendoit précieux à toutes les claffes de la Société !
Dans l'intérieur de fon Château , tout ce qui le
touchoit , (& fur-tout fa digne & refpectable Niéce,
Madame *Denis*) goûtoit une félicité inaltérable ;
l'expreffion muette du bonheur , peinte fur tous les
traits , étoit le feul langage qui put ne point affoiblir
les fentimens du cœur qu'on éprouvoit à l'approche
du Sage Bienfaifant. A cet hommage tacite &
non fufpect , qu'on ajoute ceux des Perfonnages les
plus Illuftres de toute l'Europe , qui venoient compofer la Cour du Vieillard de Ferney. Les dévots
Mufulmans ne fe montrent pas plus jaloux de leur
Pélerinage de la Mecque , qu'on ne l'étoit de faire
le voyage de Ferney. On accouroit pour voir un
Grand-Homme : on ne venoit apporter que le tribut
de l'admiration : mais le fpectacle touchant de la
vie privée de Voltaire ; le récit attendriffant des
bienfaits qu'il femoit journellement autour de lui ,

E ij

édifioient, pénétroient les illuftres voyageurs, & des larmes fe mêloient aux concerts de la louange. Qu'il étoit doux, qu'il étoit beau de trouver à la fois, dans le même Homme, l'Ecrivain fublime, le Phi-lofophe aimable, l'Homme de bien, le Père de fes familiers, & le Dieu de fes Vaflaux.

Quand il fortoit de fon Château, de nouvelles jouiffances, plus grandes peut-être encore, lui étoient réfervées. Les bénédictions de la Reconnoiflance naïve l'attendoient à fa porte. Une multitude de gens qui n'exiftoient que par lui, l'entouroit, le prefloit, l'*adoroit*. (Ce dernier mot n'eft pas im-propre.) Ceux qui n'avoient pu fe rendre fur fon paflage, s'acheminoient au pied du Tombeau qu'il s'étoit préparé, le mouilloient d'avance de leurs pleurs, &, dans le délire de leur cœur fenfible, fubftituoient, pendant leurs Prières, le Nom de leur Bienfaiteur, à celui du Patron de leur Hameau.

Quelle Couronne Académique, quelle Médaille, quelle Statue, quel Titre honorifique, valent ces hon-neurs fimples d'une Peuplade ingénue. Celui qui en étoit l'objet ne méritoit-il pas bien qu'on lui pardon-nât les faillies d'efprit échappées dans les pamphlets qu'on eut le courage de lui reprocher alors.

En même-temps qu'il recevoit l'encens groflier,

mais pur , des Villageois du Mont-Jura , une Impératrice , célébre par fon amour pour les Lettres & les Arts , lui rendoit hommage avec tou e la munificence de fon rang. Une Lettre écrite de fa main , un Vafe d'Ivoire , ouvrage de fes doigts induftrieux , fon Portrait , des Pierreries & des Fourrures font offertes au Vieillard de Ferney ; mais ce qui dut le flatter plus encore , la Légiflatrice de fes Peuples nombreux , foumettoit le Code nouveau qu'elle leur préparoit , à la Cenfure du Philofophe.

Frédéric II. fe joignit à Catherine II. Il fit faire une. petite Statue de Voltaire, en porcelaine , & la lui envoya avec ces deux mots écrits de fa main Royale , fur le piédeftal :

VIRO IMMORTALI.
A 'L'HOMME IMMORTEL.

La Boîte d'yvoire , tournée par l'Impératrice de Ruffie elle-même , & qui fe trouva parmi les magnifiques préfens qu'elle fit paffer à Ferney , donna à Voltaire l'idée d'une plaifanterie ; nous ne pouvons nous refufer au plaifir de la raconter. Après avoir pris quelques leçons de fa Niéce , il envoya à Catherine II , en retour de fon cadeau , le commencement d'une paire de bas de foie blancs, tricotés de fa main , & accompagnés d'une agréable Epître en Vers galans , dans laquelle le Poëte mandoit à l'Impératrice , qu'ayant reçu d'elle un Ouvrage d'Homme , travaillé par une Femme , il prioit Sa Majefté Impériale d'accepter un Ouvrage de Femme , forti des mains d'un Homme.

Nous tenons cette petite Anecdote , très-peu connue , d'un Artifte qui , féjournant dans le Château de Ferney , à cette époque , eut le plaifir de contempler *Voltaire tricotant.*

Qu'on nous permette ces détails dans une Notice Biographique , dans laquelle on a tenté de fe rapprocher le plus qu'on l'a pu du Biographe de Chéronée.

Ce concert d'éloges , d'hommages , de bénédictions n'étoit cependant pas tout-à-fait unanime. Nos neveux croiront-ils qu'au milieu des cris d'admiration & de reconnoiffance élevés de toutes parts , & adreffés au *bon Génie* de Ferney , les ferpens de la jaloufie ne craignoient pas de mêler leurs fifflemens difcordans. Croira-t-on qu'on vouloit apprendre l'Art des Vers au Chantre harmonieux de *Henri* , au Père vigoureux de *Mahomet ?* Les travaux Littéraires & fans nombre du Vieillard de Ferney , fes bonnes-œuvres multipliées , fes fuccès inouis ,

& fes quatre-vingts ans ; toutes ces confidérations ne refroidiffoient pas le zèle plus qu'ardent de fes détracteurs inconfidérés , pour ne pas dire malévoles.

Le foyer étoit à Paris. Voltaire vint braver la cabale jufques dans cette Ville remplie de fon nom ; ou plutôt il ne put fe refufer à l'empreffement de l'élite de fes Compatriotes , qui voulut jouir de fes derniers momens. Nous ne répéterons pas ici ce que la plupart de nos lecteurs , témoins oculaires , fçavent auffi bien que nous. Nous ne fuivrons pas notre Héros à l'Académie , au Spectacle , chez les Grands. Nous nous arrêterons feulement à une circonftance qui , toute petite qu'elle paroîtra peut-être à de certains efprits , met cependant le fceau à la gloire de Voltaire. Le peuple connoît peu les Grands-Hommes. Il y a une trop grande diftance entr'eux & lui. Il falloit être univerfel & avoir eu une influence bien marquée , pour parvenir à être également cher aux premières & aux dernières claffes de la Société. Nous terminerons cet *Effai* par le récit d'une Anecdote qui prouvera du moins que Voltaire fut véritablement l'Homme de fon Siécle & de fon Pays.

L'Auteur de la *Henriade* , peu de temps avant le terme de fa longue carrière , traverfoit le Pont-Neuf dans fa voiture : en mettant la tête à la portière pour jetter les yeux fur le Héros dont il avoit été le Chantre, il fut reconnu des femmes qui font le commerce d'oranges devant la Statue de Henri IV. En ce moment, Voltaire reçut un hommage qui dut le flatter davantage encore que le laurier dont il fut couronné par la Nation fur le Théâtre François. Ces femmes du peuple, au nom de celui qui avoit fi bien parlé du bon Henri, fe hâtent de compofer une offrande de l'élite des plus beaux fruits qu'elles vendoient, & vont le porter au caroffe du Poëte. L'étiquette & l'intérêt leur font un devoir de ce Cérémonial, lors du paffage de quelques Princes ou Souverains : mais cette fois le Patriotifme feul leur dicta cette démarche. Il falloit voir leur empreffement, leurs geftes expreffifs & rapides ; il falloit les entendre. C'étoit une ivreffe difficile à peindre, & que la foule, captivée par ce fpectacle attendriffant partagea & prolongea à l'envi les uns les autres. Une fois du moins le Génie reçut des honneurs dignes de lui, & d'autant plus précieux, qu'ils font rares & difficiles à obtenir dans nos froides contrées.

Voici deux autres Anecdotes très-peu connues.

Voltaire, paffant fur le Pont-Royal, mettoit fa
main

main hors de la portière de fon Caroſſe, pour la donner à un Grand Seigneur de ſa connoiſſance. Un homme du Peuple reconnoit Voltaire, ſaiſit ſon bras, & le ſecoue avec une tendreſſe énergique. Voltaire dit au grand Seigneur : »Pardonnez, mais laiſſez-moi »lui parler un moment; c'eſt un Homme«.

Quelques mois après la mort de Voltaire, un jeune Artiſte, chargé du Buſte de ce Grand-Homme, par M. Houdon, traverſoit le Marché des Quinze-vingts, rue S.-Honoré, à Paris. La vue de ce Buſte frappe les femmes du Marché; elles entourent celui qui le porte, le forcent à le poſer un inſtant ſur leur boutique, afin de le conſidérer à leur aiſe. Une Bouquetière du voiſinage accourt, les mains remplies de fleurs; on en fait à la hâte une couronne; on la poſe ſur la tête de Voltaire, & le jeune Artiſte reprend ſa route, aux acclamations & aux applaudiſſemens des ſpeɕtateurs de tous les ordres.

FRANÇOIS-MARIE AROUET DE **VOLTAIRE**, Gentilhomme ordinaire dé la Chambre du Roi, ancien Chambellan du Roi de Pruſſe; des Académies de Paris, Londres, Berlin, Rome, Florence, Boulogne, &c., naquit à Paris le 20 Février 1694, & mourut dans cette Capitale, âgé de quatre-vingt-cinq ans & quelques mois, le 30 Mai 1778.

F

ADDITIONS*

A l'Eloge Hiſtorique de Voltaire.

LE caractère de Voltaire n'étoit point une énigme ; il l'a développé d'une manière toujours ingénieuſe & piquante dans une infinité de Bons Mots, enfans de l'occaſion. Nous ne pouvons mieux terminer cette eſquiſſe rapide, que par un choix de quelques-unes de ces Anecdotes qu'on aime tant à ſe rappeller & à citer. Notre *Galerie Univerſelle* étant deſtinée particulièrement aux Amis des *Hommes dignes de ce Nom*, qui, devenus un peu difficiles ſur le choix des vivans qu'on peut hanter, s'en dédommagent en converſant avec les Morts illuſtres ; on ne fera donc pas étonné qu'on leur ait conſacré un petit Chapitre, où les demi-Dieux qui figurent dans ce Temple Littéraire, prennent eux-mêmes la parole & ſemblent l'adreſſer au Lecteur.

---

* *N. B.* Nous n'avons point indiqué par des chiffres la place de ces Notes, dans le Texte précédent ; parce que nous comptons aſſez ſur la ſagacité de nos Lecteurs, pour leur laiſſer le ſoin de les placer eux-mêmes. Par exemple, on voit ſans peine que la Note première doit renvoyer à l'endroit de l'Eloge hiſtorique où nous parlons de *Ninon de Lenclos.*

(1) Dans une des visites que nous eumes l'avantage de rendre à Voltaire, lors de son dernier séjour à Paris, nous assistâmes à une conversation déjà entamée avant notre arrivée. Voici ce que nous pumes en retenir : elle rouloit sur le chapitre des Femmes. Il n'est pas inutile de remarquer qu'en ce moment il n'y en avoit point dans le cercle.

Le Vieillard de Ferney, après avoir rendu un tribut de reconnoissance à la mémoire de *Ninon*, sa bienfaitrice, prétendoit que, du moment que le Sexe, né pour plaire, eut la prétention de vouloir instruire, la Morale & les Lettres tombèrent en décadence; que l'étiquette observée à la Cour, de retirer les Princes des mains des femmes, quand l'aurore de la Raison se lève pour eux, est un usage aussi judicieux que profitable; que la première éducation, ou l'éducation purement physique de la première enfance, est seule du ressort des femmes, sur-tout par rapport aux enfans Nobles; que l'esprit des femmes est né, comme l'abeille, pour se nourrir de la fleur de la Littérature; mais que le génie seul de l'homme est capable d'en cueillir les fruits; que, si Madame de Sévigné, par exemple, eût assez méconnu ses forces pour se livrer à corps perdu dans la carrière des Sciences, on eût peut-être lu son nom sur le Frontispice de quelque gros in-octavo bien pesant, bien triste, bien maussade; & nous aurions été privés, à coup sûr, du Recueil précieux de ses Lettres, qui sont autant de Chefs-d'œuvres & de modèles inimitables; qu'il est sur-tout des sujets interdits d'autant plus aux femmes, qu'ils devroient l'être même aux hommes. Qu'il est ridicule de voir, par exemple, une Madame Guyon & *autres*, se perdre à travers les questions Théologiques, & ne point s'en tenir au Texte pur du Code des Chrétiens; qu'une femme comme Madame Guyon & *autres*, qui, sans mission, prennent le parti de la Religion, ressemblent aux suivantes d'Omphale qui, pendant le sommeil d'Hercule, auroient voulu soulever sa

Maſſue pour en frapper l'Hydre aux cent têtes ; que les devoirs domeſtiques & les douces fonctions de la vie privée , ſont aſſez multipliées pour occuper toute entiere une femme de mérite. En un mot , qu'une femme qui embraſſe la Profeſſion d'écrire , & qui ſe place avec confiance ſur les bancs poudreux de l'Ecole , n'eſt pas moins ridicule que ces Soldats qui , pendant les loiſirs de la Caſerne , prennent l'aiguille de la Marchande de Modes , ou le tambour de la Brodeuſe , &c.

Le Vieillard de Ferney , qui avoit à cœur , ce jour-là , le cha‑pitre des Femmes-Beaux-Eſprits , ajouta encore qu'il étoit de petits genres à leur portée. Que Madame Deshoulières s'eſt fait une juſte réputation par ſes Idylles des *Fleurs* , des *Moutons* , du *Ruiſſeau* ; qu'il étoit même des cas ou une femme pourroit prendre la plume avec quelque utilité ; une Inſtitutrice , par exemple , pour occuper les récréations de ſon Ecole , pouvoit s'amuſer à compoſer , pour ſes jeunes Elèves , de *petits Contes* ſans prétention ; de *petits Drames* bien naïfs , afin de former ſes Demoiſelles à la prononciation. Mais que cette même Femme ſeroit coupable , digne de blâme & de mépris , ſi elle négligeoit les jeunes perſonnes qu'on lui confie , en conſumant le temps qu'elle leur doit , à tranſcrire , à coudre , tant bien que mal , quelques lambeaux de lieux communs Théologiques , afin de ſatisfaire ſon amour-propre , en groſſiſſant la liſte , trop nom‑breuſe , des Apologiſtes de la Religion , qui n'en a que faire.

Voltaire en reſta-là , & parut en avoir dit un peu trop pour certaines perſonnes du Cercle ; d'autres , les plus âgées appa‑remment , furent entièrement de ſon avis. Nous-nous garde‑rons bien de prononcer dans ce fâmeux Procès ; nous-nous bornerons au rôle de Rapporteur.

Lettre du Roi de Pruſſe à Voltaire.

J'AI vu la Lettre que votre Nièce vous écrit de Paris : l'amitié qu'elle a pour vous , lui attire mon eſtime ; ſi j'étois Madame Denis , je penſerois de même ; mais étant ce que je ſuis , je penſe autrement ; je ſerois au déſeſpoir d'être cauſe du mal-heur de mon ennemi ; & comment pourrois-je vouloir l'infor-tune d'un homme que j'eſtime , que j'aime, & qui me ſacrifie ſa Patrie , & tout ce que l'humanité a de plus cher ? Non , mon cher Voltaire ; ſi je pouvois prévoir que votre tranſplantation pût tourner le moins du monde à votre déſavantage , je ſerois le premier à vous en diſſuader. Oui , je préférerois votre bon-heur au plaiſir extrême que j'ai de vous avoir. Mais vous êtes Philoſophe ; je le ſuis de même : qu'y a-t-il de plus naturel, de plus ſimple & de plus dans l'ordre , que des Philoſophes faits pour vivre enſemble , ſe donnent cette ſatisfaction ? Je vous reſpecte comme mon Maître en éloquence & en ſavoir ; je vous aime comme un ami vertueux. Quel eſclavage , quel malheur , quel changement, quelle inconſtance de fortune y a-t-il à craindre dans un Pays où l'on vous eſtime autant que dans votre Patrie , & chez un ami qui a un cœur reconnoiſſant ? Je n'ai point la folle préſomption de croire que Berlin vaut Paris. Si les richeſſes, la grandeur & la magnificence font une Ville aimable , nous le cédons à Paris. Mais vous , ne portez-vous pas ce goût par-tout où vous êtes ? Nous avons des organes qui nous ſuffiſent pour vous applaudir ; &, en fait de ſentimens, nous ne le cédons à aucun pays du monde. J'ai reſpecté l'amitié qui vous liait à Madame du Châtelet ; mais, après elle, j'étois un de vos plus an-ciens amis. Quoi ! parce que vous-vous retirez dans ma Maiſon , il ſera dit que cette Maiſon devient une priſon pour vous ! Quoi ! parce que je ſuis votre ami , je ſerai votre tyran ! Je vous

avoue que je n'entends pas cette Logique là ; que je fuis ferme-
ment perfuadé que vous ferez heureux ici tant que je vivrai ; que
vous ferez regardé comme le Père des Lettres & des Gens de
goût , & que vous trouverez en moi toutes les confolations
qu'un homme de votre mérite peut attendre de quelqu'un qui
l'eftime. Bon foir. FRÉDÉRIC.

Lettre de Son Alteffe Madame la Princeffe de Bareith, à Voltaire.

VOtre Lettre m'a fenfiblement touchée ; celle que vous m'avez
adreffée pour le Roi , a fait le même effet fur lui. J'efpère que
vous ferez fatisfait de fa réponfe, pour ce qui vous concerne.
Mais vous le ferez auffi peu que moi de fes réfolutions. Je m'é-
tois flattée que vos réflexions feroient quelque impreffion fur
fon efprit. Vous verrez le contraire dans le billet ci-joint. Il ne
me refte qu'à fuivre fa deftinée , fi elle eft malheureufe. Je ne
me fuis jamais piquée d'être Philofophe ; j'ai fait mes efforts
pour le devenir. Le peu de progrès que j'ai fait m'a appris à
méprifer les grandeurs & les richeffes ; mais je n'ai rien trouvé
dans la Philofophie, qui puiffe guérir les plaies du cœur, que
le moyen de s'affranchir de ces maux , en ceffant de vivre.
L'état où je fuis eft pire que la mort ; je vois le plus grand
homme du Siécle , mon frère , mon ami , réduit à la plus affreufe extrémité. Je vois ma famille entière expofée aux dangers
& aux périls ; ma Patrie déchirée par d'impitoyables ennemis ; le
Pays où je fuis , peut être menacé de pareils malheurs. Plût au
ciel que je fuffe chargée toute feule des maux que je viens de
vous décrire ! je le fouffrirois , & avec fermeté.

Pardonnez-moi ce détail ; vous m'engagez , par la part que
vous prenez à ce qui me regarde, de vous ouvrir mon cœur.
Hélas ! l'efpoir en eft prefque banni. La fortune , lorfqu'elle

change , eſt auſſi conſtante dans ſes perſécutions que dans ſes faveurs. L'Hiſtoire eſt pleine de ces exemples ; mais je n'y en ai point trouvé de pareils à celui que nous voyons , ni une guerre auſſi inhumaine & cruelle parmi des Peuples policés. Vous gémiriez , ſi vous ſaviez la triſte ſituation de l'Allemagne & de la Pruſſe. Les cruautés que les Ruſſes commettent dans cette dernière , font frémir la Nature. Que vous êtes heureux dans votre Héritage , où vous-vous repoſez ſur vos Lauriers , & où vous pouvez philoſopher de ſang froid ſur l'égarement des Hommes ! Je vous y ſouhaite tout le bonheur imaginable ; ſi la fortune nous favoriſe encore , comptez ſur toute ma re- connoiſſance. Je n'oublierai jamais les marques d'attachement que vous m'avez données ; ma ſenſibilité vous en eſt un garant. Je ne ſuis jamais amie à demi , & je le ſerai toujours véritable- ment de Frère Voltaire. WILHELMINE.

Bien des complimens à Madame Denis ; continuez , je vous prie , d'écrire au Roi.

Quel eſt l'Homme-de-Lettres , vraiment digne de ce Nom , qui , en liſant ce que nous venons de tranſcrire , ne s'enor- gueillira pas d'être né dans un Siécle où l'on a vu de pareils Souverains ! Qu'il nous ſoit permis de répéter ici ce que nous avons dit ailleurs , à l'occaſion de cette même Lettre. Combien ce ſtyle ne doit-il pas confondre le ſot orgueil de ces petits importans , de ces Perſonnages de la veille , qui , dans l'ivreſſe d'un moment de faveur , oſent ſe méconnoître aſſez pour écrire avec morgue , à des gens qui ont au moins ſur eux la préémi- nence du génie , & qui même , ſous d'autres rapports , vou- draient à peine les reconnoître pour leurs égaux ! Il n'eſt guères d'Homme , du premier mérite , qui n'ait été expoſé quelquefois à recevoir de ces lettres d'une familiarité arrogante , & qui n'en ait ſouri d'indignation ou de pitié ; mais il faut convenir que cette

baſſeſſe , déguiſée ſous le nom de morgue , eſt inconnue aux
véritables Grands. Ce n'eſt ordinairement que pour l'excès de
leur politeſſe , qu'ils ſemblent avertir des égards qui leur ſont
dûs , & ce genre d'orgueil eſt bien ſupérieur à la vanité bour-
geoiſe.

Voltaire comparait la Nation Angliſe à un muid de cette
ſorte bierre , qui lui ſert de boiſſon. L'écume , diſait-il , eſt au
deſſus , la lie eſt au fond , & le milieu eſt excellent.

Dans une Société brillante , quelqu'un dit à Voltaire : ah !
Monſieur , que vous devez être content de vos Ouvrages !....
Je ſuis , répondit-il , comme le Mari d'une coquette , dont tout
le monde jouit , excepté lui.

Pendant la dernière maladie de Voltaire , le Médecin *Lorry*
alla le voir ; le Philoſophe lui apprit le premier qu'il s'étoit con-
feſſé , & voyant ſourire le Doéteur , il lui dit : *Vous me croyez
donc bien impie.* L'Eſculape , ſervi par ſa mémoire , qui lui fournit
en ce moment un Vers de citation heureuſe , lui répondit :

Vous craignez qu'on l'ignore , & vous en faites gloire.

Cependant , reprit Voltaire , tout cela me déplaît fort , ce
train de vie m'aſſomme ; mais me voilà entre les mains de mes
ennemis , il faut bien que je m'en dégage ; dès que je pourrai être
tranſporté , je m'en vais ; j'eſpére que leur zèle ne me pourſuivra
pas juſqu'à Ferney ; ſi j'y avois été , cela ne ſe ſeroit pas paſſé ainſi.

Adieux

Adieux du Vieillard.

ADIEU , mon cher Tibulle , autrefois ſi volage ,
  Mais toujours chéri d'Apollon ,
Au Parnaſſe fêté , comme aux bords du Lignon ,
  Et dont l'Amour a fait un Sage.
Des Champs Elyſéens , adieu, pompeux Rivage ,
De Palais , de Jardins , de prodiges bordé ,
Qu'ont encore embelli , pour l'honneur de notre âge ,
Les Enfans d'Henri-quatre , & ceux du Grand Condé.
Combien vous m'enchantiez , Muſes , Grâces nouvelles ,
  Dont les Talens & les Ecrits
  Seraient de tous nos Beaux-Eſprits ,
  Ou la cenſure , ou les modèles !
Que Paris eſt changé ! les Welches n'y ſont plus.
Je n'entends plus ſiffler les ténébreux reptiles ,
Les Tartuffes affreux , les inſolens Zoïles ,
J'ai paſſé ; de la Terre ils étaient diſparus.
Mes yeux , après trente ans , n'ont vu qu'un Peuple aimable ;
Inſtruit , mais indulgent , doux , vif & ſociable ,
Il eſt né pour aimer ; l'élite des Français
Eſt l'exemple du monde , & vaut tous les Anglais ;
De la Société , les douceurs déſirées ,
Dans vingt Etats puiſſans ſont encore ignorées ;
On les goûte à Paris , c'eſt le premier des Arts.
Peuple heureux , il naquit , il régne en vos remparts.
Je m'arrache en pleurant à ſon charmant Empire :
Je retourne à ces Monts qui menacent les Cieux ,
A ces Antres glacés , où la Nature expire ;
Je vous regretterois à la table des Dieux.

G.

Vers de Voltaire à Madame Dudeffant, qui l'invitoit à aller à l'Opéra de Roland, avec elle.

DE ce Roland que l'on vous vante,
Je ne puis, avec vous, aller, ô Dudeffant,
Savourer la Musique & douce, & ravissante;
Si Tronchin le permet, Quinault me le défend.

Lettre de Frédéric II. à M. d'Alembert.

LE plus beau Monument de Voltaire, est celui qu'il s'érige lui-même, ses Ouvrages; ils subsisteront plus long-temps que la Basilique de S.-Pierre, le Louvre, & tous ces Bâtimens que la Vanité consacre à l'Eternité. On ne parlera plus Français, que Voltaire sera encore traduit dans la Langue qui lui aura succédé. Cependant, rempli du plaisir que m'ont fait ses productions si variées, & chacune si parfaite en leur genre, je ne pourrais, sans ingratitude, me refuser à la proposition que vous me faites de contribuer au Monument que lui élève la Reconnoissance publique. Vous n'avez qu'à m'informer de ce qu'on exige de ma part; je ne refuserai rien pour cette Statue, plus glorieuse pour les Gens-de-Lettres qui la lui consacrent, que pour Voltaire même; on dira que, dans ce dix-huitiéme siécle, où tant de Gens-de-Lettres se déchirent par envie, il s'en est trouvé d'assez nobles, d'assez généreux pour rendre justice à un Homme doué de génie & de talens supérieurs à tous les Siécles; que nous avons mérité de posséder Voltaire, & la Postérité la plus reculée nous enviera encore cet avantage. Distinguer les hommes célèbres, rendre justice au mérite, c'est encourager les talens & la vertu. C'est la seule récompense des belles arts; elle est bien due à tous ceux qui cultivent supérieurement les Lettres. Elles procurent les plaisirs de l'esprit, plus durables que ceux du corps; elles adoucissent les mœurs les plus féroces; elles répandent leurs charmes fur tout le cours de la vie ; elles rendent notre exiftence fupportable , & la mort moins affreufe. Continuez donc, M M. , de protéger & de célébrer ceux qui s'y appliquent, & qui ont le bonheur, en France , d'y réuffir. Ce fera ce que vous pourrez faire de plus glorieux pour votre Nation. FRÉDÉRIC.

On a cru long-temps que les Ouvrages de Voltaire lui avoient rapporté des produits immenfes ; mais les Regiftres des Comédiens feront foi qu'à l'exception de fes premières Tragédies , dont il avoit tiré quelques émolumens , il n'a jamais reçu la part d'Auteur qu'il étoit en droit d'exiger. Plufieurs Libraires , Cramer de Génève , entr'autres , fe font fait un devoir de publier qu'ils lui avoient l'entière obligation de leur fortune , fans qu'il ait accepté d'eux la plus légère rétribution.

Vers de M. de Voltaire à Madame Hébert , qui lui avoit envoyé deux Remèdes , l'un contre l'hémoragie , l'autre contre une fluxion fur les yeux.

> JE perdais tout mon fang , vous l'avez confervé;
> Mes yeux étaient éteints , & je vous dois la vue.
> Si vous m'avez deux fois fauvé ,
> Grace ne vous foit point rendue ;
> Vous en faites autant pour la foule inconnue
> De cent Mortels infortunés.
> Vos foins font votre recompenfe.
> Doit-on de la reconnaiffance ,
> Pour les plaifirs que vous prenez.

Les plus Illuftres Souverains , qui ont régné dans ce Siécle ; ont témoigné à Voltaire un attachement bien honorable pour les Lettres. On diftingue parmi eux Staniflas , Roi de Pologne ; le Pape Benoît XIV ; Madame la Margrave de Bareith , & furtout Frédéric-le-Grand , Roi de Pruffe , & l'Impératrice de

Ruffie, Catherine II. Leur correfpondance avec un Philofophe folitaire, formeroit un Monument bien précieux pour la Littérature & pour la Poftérité; nul autre, fans doute, ne pourroit lui être comparé, foit dans l'antiquité, foit chez les modernes. Car les Lettres qui nous reftent de l'Empereur Julien, aux Philofophes Maxime, Porphire, Jamblique, Libanius, &c., & leurs réponfes, font en très-petit nombre; & quoi que fort intéreffantes par le nom de leurs Auteurs, & par le temps où elles furent écrites, elles n'approchent d'ailleurs, à aucun égard, du Recueil dont nous parlons.

Lettre de Catherine II, Impératrice de Ruffie, avec cette Infcription.

Pour Madame Denis, Nièce d'un Grand-Homme qui m'aimoit beaucoup.

JE viens d'apprendre, Madame, que vous confentiez à remettre entre mes mains ce Dépôt précieux que M. votre Oncle vous a laiffé, cette Bibliothéque que les ames fenfibles ne verront jamais, fans fe fouvenir que ce Grand-Homme fçut infpirer aux Humains cette Bienfaifance univerfelle que tous fes Ecrits, même ceux de pur agrément, refpirent. Perfonne, avant lui, n'écrivit comme lui à la race future; il fervira d'exemple & d'écueil. Il faudroit unir le Génie & la Philofophie, aux connoiffances & à l'agrément, en un mot être M. de Voltaire pour l'égaler. Si j'ai partagé avec toute l'énergie vos regrets, Madame, fur la perte de cet *Homme incomparable*, vous-vous êtes mife en droit de participer à la reconnoiffance que je dois à fes Ecrits. Je fuis fans doute très-fenfible à l'eftime & à la confiance que vous me marquez; il m'eft bien flatteur de voir qu'elles font héréditaires dans votre Famille. La nobleffe de vos procédés vous eft caution de mes fentimens à votre égard. J'ai chargé Mr

Grimm de vous remettre quelques foibles témoignages (1) dont je vous prie de faire usage. *signé* CATHERINE.

Epitaphe de Voltaire, par M. Le Brun.

O PARNASSE ! frémis de douleur & d'effroi !
Pleurez, Muses ! brisez vos Lyres immortelles !
Toi ! dont il fatigua les cent voix, & les ailes,
Dis que Voltaire est mort, pleure, & repose toi.

Vers pour le Portrait de Voltaire.

FAMEUX dès ses plus jeunes ans ;
Son Nom vivra dans tous les âges :
Il a pour titre & pour garans,
Ses ennemis & ses Ouvrages.

Extrait d'une Lettre de Voltaire à l'Abbé de Voisenon.

IL est bien vrai que l'on m'anonce
Les Lettres de Maître Clément.
Il a beau m'écrire souvent,
Il n'obtiendra pas de réponse ;
Je ne serai pas assez sot
Pour m'embarquer dans ces querelles.
Si c'eut été Clément Marot,
Il auroit eu de mes nouvelles.

IMPROMPTU.

Madadame P***. badinant avec Voltaire, lui disoit des choses agréables ; &, entr'autres, combien elle s'intéressoit à sa santé ;

---

(1) Sa Majesté Impériale a envoyé à Madame Denis, actuellement Madame Duvivier, une Boîte d'or, ornée de son Portrait, enrichie de diamans ; des fourrures du plus grand prix, & cinquante mille écus de notre monnoie.

lui ajoutant impérieufement qu'il falloit qu'il fe confervât. Ce
Poëte octogénaire lui répondit fur le champ, avec une ingé-
nieufe vivacité.

> Vous voulez arrêter mon ame fugitive ;
>   Ah ! Madame, je le crois bien ;
> De tout ce qu'on poffede, on ne veut perdre rien ;
>   On veut que fon efclave vive.

Couplet fur Voltaire, retenu d'une Chanfon Maçonne.

> Au feul nom de l'Illuftre Frère,
>   Tout Maçon triomphe aujourd'hui ;
> S'il reçoit de nous la Lumière,
>   Le Monde la reçoit de lui.

Peu de temps avant la maladie de Voltaire, il vint voir à table
Madame de Villette ; &, après quelques momens du recueillement
le plus fombre, il lui dit : » Vous êtes comme ces Rois d'Egypte
qui, en mangeant, avoient une tête de mort devant eux.

Il difoit, fur fon arrivée à Paris : » Je fuis venu chercher la
» gloire & la mort.

Il répondit à un Artifte qui lui préfentoit le Tableau de fon
Triomphe : » C'eft mon Tombeau qu'il me faut, & non pas
» mon Triomphe.

La Reine étant à une repréfentation d'*Irène*, tranfcrivoit au
crayon les plus beaux Vers relatifs à Dieu & à la Religion ;
comme ils étoient édifians, un bon plaifant s'écria : *On voit
bien que l'Auteur a été à Confeffe*. On préfume que Sa Majefté
vouloit citer au Roi ces Paffages, pour juftifier fur fes fentimens, le Philofophe fi décrié.

M. de Terfac, Curé de S.-Sulpice, ayant appris que Voltaire
s'étoit confeffé à l'Abbé Gaulthier, témoigna à M. le Marquis
de Villette, le regret de s'être vu échapper cette Ouaille : le

rapport en ayant été fait au Philofophe convalefcent , il écrivit au Pafteur la Lettre fuivante :

MONSIEUR,

M. le Marquis de Villette m'a annoncé que , fi j'avois pris la liberté de m'adreffer à vous-même , pour la démarche néceffaire que j'ai faite , vous auriez eu la bonté de quitter vos importantes occupations pour venir , & daigner remplir auprès de moi des fonctions que je n'ai cru convenables qu'à des Subalternes, auprès des Paffagers qui fe trouvent dans votre Département.

M. l'Abbé Gaulthier avoit commencé par m'écrire fur le bruit feul de ma maladie ; il était venu enfuite s'offrir de lui-même , & j'étais fondé à croire que , demeurant fur votre Paroiffe , il venait de votre part. Je vous regarde , Monfieur , comme un Homme du premier Ordre de l'Etat ; je fçais que vous foulagez les Pauvres en Apôtre , & que vous les faites travailler en Miniftre.

Plus je refpecte votre Perfonne & votre état , plus je crains d'abufer de vos extrêmes bontés. Je n'ai confidéré que ce que je dois à votre naiffance , à votre Miniftére & à votre mérite. Vous êtes un Général à qui j'ai demandé un Soldat.

Je vous fupplie de me pardonner d'avoir ignoré la condefcendance avec laquelle vous feriez defcendu jufqu'à moi ! Pardonnez-moi auffi l'importunité de cette Lettre ; elle n'exige pas l'embarras d'une réponfe ; votre temps eft trop précieux.

J'ai l'honneur d'être, VOLTAIRE.

Réponfe qui fut envoyée par le même Commiffionnaire.

MONSIEUR,

Tous mes Paroiffiens ont droit à mes foins , que la néceffité feule me fait partager avec mes Coopérateurs ; mais quelqu'un comme M. de Voltaire, est fait pour attirer toute mon attention. Sa célébrité qui fixe sur lui les yeux de la Capitale, de la France, & même de l'Europe, est bien digne de la sollicitude Pastorale d'un Curé.

La démarche que vous avez faite, n'étoit nécessaire qu'autant qu'elle pourroit être utile & consolante, dans le danger de votre maladie. Mon Ministère ayant pour objet le vrai bonheur de l'Homme, en tournant à son profit les misères inséparables de sa condition, & en dissipant par la Foi les ténèbres qui offusquent sa raison, & le bornent dans le cercle étroit de cette vie : jugez avec quel empressement je dois l'offrir à l'Homme le plus distingué par ses Talens, dont l'exemple feroit seul des milliers d'heureux, & peut-être l'époque la plus intéressante aux Mœurs, à la Religion, & à tous les vrais Principes, sans lesquels la Société ne sera jamais qu'un assemblage de malheureux insensés, divisés par leurs passions, & tourmentés par leurs remords.

Je sçais que vous êtes Bienfaisant ; si vous me permettez de vous entretenir quelquefois, j'espère que vous conviendrez qu'en adoptant parfaitement la sublime Philosophie de l'Evangile, vous pourriez faire le plus grand bien, & ajouter à la gloire d'avoir porté l'esprit Humain au plus haut dégré de ses connoissances, le mérite de la Vertu la plus sincère, dont la Sagesse Divine, revêtue de notre Nature, nous a donné la juste idée, & fourni le parfait Modèle que nous ne pouvons trouver ailleurs.

Vous me comblez de choses obligeantes que vous voulez bien me dire, & que je ne mérite pas ; il feroit audessus de mes forces d'y répondre, en me mettant au nombre des Sçavans, & des Gens d'esprit, qui vous portent avec tant d'empressement leurs Tributs & leurs Hommages : pour moi, je n'ai à vous offrir que le vœu de votre solide bonheur, & la sincérité des Sentimens avec lesquels j'ai l'honneur d'être,

LE CURÉ DE S.-SULPICE.

Lettre

Lettre du Roi de Prusse à M. d'Alembert, sur la Mort de Voltaire.

QUELLE perte irréparable pour les Lettres, & que de Siècles s'écouleront peut-être sans produire un tel Génie!.... S'il fût retourné à Ferney, peut-être seroit-il encore!.... Il vivra à jamais; mais j'aurois défiré qu'il eût pu être encore long-temps le témoin de sa Gloire.... Il a du moins joui de la consolation de recevoir avant sa mort les Hommages de ses Compatriotes.... L'Académie de Berlin, & moi, nous-nous proposons de payer au Grand-Homme qui vient de mourir, le juste Tribut qui est du à ses Cendres. Les Germains mettront tous leurs soins à rendre à ce beau Génie la justice que la France lui devoit à tant de titres; ils ne seront contens d'eux-mêmes, que lorsqu'ils auront peint avec énergie, à l'Europe entière, & à la France en particulier, la perte irréparable qu'elle vient de faire.

Il n'y a plus, comme autrefois, d'Amateurs des Beaux Arts & des Sciences. Si ces Arts se perdent, comme je le prévois, à quoi l'attribuer qu'au peu de cas qu'on en fait? Pour moi, je les aimerai jusqu'à mon dernier soupir. Je ne trouve de consolation, pour supporter le fardeau de la vie, qu'avec les Muses; & je vous assure que, si j'avois été maître de mon destin (1), ni l'orgueil du Trône, ni le Commandement des Armées, ni le frivole goût des dissipations ne l'auroient emporté sur elles.

Il falloit du courage, & quelque chose de plus, pour refuser son estime & son attachement à un Homme universel dans les

(1) O vous! s'écrie d'Alembert, ô vous, qui que vous soyez, Détracteurs ou Contempteurs des Lettres! ô vous qui prenez tant de plaisir à les voir en butte à la calomnie & aux outrages, lisez ces mots tracés par un Grand Roi, & rougissez. Et vous, Ecrivains honnêtes, qui êtes l'objet des outrages & de la calomnie, lisez aussi ces mots, & consolez-vous.

H

petites chofes comme dans les grandes ; à un Génie fupérieur, qui ne dédaignoit pas de fe faire tout à tous ; & qui , pour l'intérêt de la vérité & des Lettres , aimoit à fe communiquer , à élever jufqu'à lui ceux qui l'approchoient; ou à defcendre jufqu'à eux. Enforte que tout le monde le quittoit également fatisfait & d'eux & de lui : les uns fiers d'avoir pu entendre fa langue ; les autres enchantés d'avoir mérité qu'il ait pris garde à eux , & d'avoir été l'occafion d'une faillie heureufe.

Lettre de J.-B. Rouffeau , à M. de Voltaire , fur la Tragédie d'Œdipe.

» MALGRÉ l'éloignement qui nous fépare , Monfieur , je ne
» vous ai jamais perdu de vue ; & mon amitié vous a toujours
» fuivi , fans interruption , dans les différens événemens dont
» votre vie a été mélangée. Il y a long-temps que je vous re-
» garde comme un Homme deftiné à faire un jour la gloire
» de fon Siécle , & j'ai eu la fatisfaction de voir que toutes
» les perfonnes qui me font l'honneur de m'écouter, en ont
» porté le même jugement que moi , fur les divers Ouvrages que
» je leur ai fouvent lus de vous. Dans les temps que je jouiffois
» du plaifir de voir croître une réputation qui m'eft fi chère ,
» j'ai eu la douleur d'apprendre les traverfes dont vos fuccès
» ont été interrompus , & je puis vous affurer que je ne les ai
» guère moins vivement fenties que les miennes propres . . . .
» Vous en voilà quitte, du moins je l'efpère ainfi, pour le refte
» de vos jours. Je fouhaite qu'ils foient auffi longs que ceux
» de Corneille , à qui vous fuccédez fi dignement.

» Je n'ai reçu qu'hier le préfent que vous avez eu la bonté
» de me faire de la Tragédie dans laquelle vous avez lutté fi
» avantageufement contre ce fameux moderne ; je ne doutois
» nullement que l'avantage ne fût de votre côté ; mais je ne
» m'attendois pas que vous fortiffiez fi glorieufement du combat

» contre Sophocle ; & malgré la juste prévention où je suis pour
» l'antiquité , je suis obligé d'avouer que le François de vingt-
» quatre ans a triomphé , en beaucoup d'endroits , du Grec de
» quatre-vingt. Ce qui m'a le plus surpris , dans un Auteur de
» votre âge , c'est l'économie admirable de votre Piéce , & la
» manière judicieuse & adroite avec laquelle vous l'avez choisie.
» Vous n'étiez pas obligé, non plus que Sophocle , de les éviter
» tous : mais vous avez parfaitement rempli , aussi bien que lui ,
» l'indispensable obligation d'attacher la curiosité du spectateur, &
» d'émouvoir ses passions; régle à laquelle toutes les autres régles
» du Théâtre sont tellement subordonnées , que sans elle , une
» Piéce sans défauts est une Piéce détestable. Vos caractères ne sont
» pas moins justes que votre disposition , & je ne sçaurois approu-
» ver la critique que vous faites vous-même de celui de Philoctète ;
» la modestie qui sied si bien aux Grands-Hommes n'étant point
» une vertu du caractère des Héros fabuleux , & étant même
» contraire à la simplicité des premiers temps , comme la va-
» nité le serait à la politesse du nôtre.....

Il entre dans une foule d'autres détails , qui prouvent qu'en
effet il reconnoissoit , dans la Tragédie de Voltaire , une véritable supériorité sur celle de Sophocle , & il finit par l'assurer
des sentimens les plus tendres. Au reste , ce qu'il écrivoit à
Voltaire , il l'écrivoit pareillement à Brossette , & à d'autres..... » Je vous avouerai ingénûment & sans prévention ,
» dit-il à Brossette , que j'ai trouvé la Piéce plus belle encore
» que je ne me l'étois figuré , & que je ne m'attendois pas à
» trouver si peu de fautes dans la conduite d'un Ouvrage où
» Corneille lui-même a échoué «. Il vante , & la prodigieuse
difficulté du sujet , & les inconvéniens que l'Auteur a évités
avec plus d'art que Sophocle lui-même. Enfin , il justifie , d'a-
près les caractères d'Homère , celui de Philoctète , dont Voltaire
paroissoit mécontent , & il est en tout du même avis que dans
la Lettre précédente.   H ij

Voici ce qu'il écrivit depuis fur la *Henriade.*

» M. de Voltaire a paffé ici trois femaines , pendant lefquelles
» nous ne nous fommes guère quittés. J'ai été charmé de voir
» un jeune homme d'une fi grande efpérance : il a eu la bonté
» de me confier fon Poëme pendant quelques jours. Je puis
» vous affurer qu'il fera un très-grand honneur à l'Auteur. Notre
» Nation avoit befoin d'un Ouvrage comme celui-là : l'écono-
» mie en eft admirable , & les Vers parfaitement beaux , à
» quelques endroits près , fur lefquels il eft entré dans ma pen-
» fée , je n'y ai rien trouvé qui puiffe être critiqué raifonna-
» blement «.

Répétons ici ce que nous avons déjà cité ailleurs , la Lettre
que Voltaire écrivit enfin , après la mort de J.-B. Rouffeau ,
& redifons encore que , pour fa propre gloire , il auroit du
perfévérer dans fes fentimens.

» J'ai reçu , Monfieur , la Lettre que vous m'avez fait l'hon-
» neur de m'écrire , avec votre projet de foufcription pour les
» Œuvres du célébre Poëte dont vous étiez l'ami. Je me mets
» très-volontiers au rang des Soufcripteurs , quoique j'aie été
» malheureufement au rang de fes ennemis le plus déclarés.
» Je vous avouerai même que cette inimitié pefoit beaucoup
» à mon cœur. J'ai toujours penfé , j'ai dit , j'ai écrit que les
» Gens-de-Lettres devroient être tous frères..... Il fembloit
» que la deftinée , en me conduifant dans la Ville où l'Illuftre
» & malheureux Rouffeau a fini fes jours , me ménageât une
» réconciliation avec lui. L'efpèce de maladie dont il étoit acca-
» blé , m'a privé de cette confolation , que nous avions tous
» deux également fouhaitée ; l'amour de la paix l'eut emporté
» fur tous les objets d'aigreur qu'on avoit femés entre nous. Ses
» talens , fes malheurs , & ce que j'ai ouï dire ici de fon ca-
» ractère , ont banni de mon cœur tout reffentiment , & n'ont
» laiffé mes yeux ouverts qu'à fon mérite «.

Anecdote sur la Famille de Voltaire.

ON a inféré dans les Affiches de Poitiers, une Lettre de M. Dumouſtier de Lafond, Capitaine d'Artillerie, & Membre de pluſieurs Académies, contenant une Piéce de Vers qu'un de ſes Ancêtres Paternels (*Antoine Dumouſtier*) fit ſur la mort de *René Arouet*, ſon ami, arrivée en 1499, & qui, quoiqu'apliquée aſſez heureuſement, plus de cent ans après, à Scévole de Ste-Marthe, par *Daniel Feroux*, qui la récita dans l'Auditoire du Palais de Loudun, le 23 Avril 1623, prouve deux choſes; la première, que la Famille de M. *Arouet de Voltaire* étoit originaire du Poitou; & la ſeconde, que *René Arouet*, un de ſes Ancêtres, étoit fort eſtimé pour ſes talens. M. Dumouſtier ayant envoyé, il y a environ dix-huit mois, cette même Piéce, à Voltaire, en lui faiſant diverſes queſtions ſur le lieu qui avoit donné naiſſance à ſa Famille, en reçut une Réponſe qu'on a également inférée dans les Affiches. » Voici, dit-il au « Rédacteur de cette Feuille, ces Vers, que je vous engage à » publier, moins pour la gloire de leur Auteur, quoiqu'on » doive les trouver bons, relativement à l'époque où ils ont » été faits, que parce qu'ils atteſtent que la Famille de M. de » Voltaire eſt ancienne en Poitou, & qu'il ſe trouvait déjà, » il y a deux-cents ans, dans cette Famille, un Auteur à qui » on donnait des éloges; ce qui eſt toujours honorable pour » notre Province, où il exiſte encore de ſes Parens, connus » pour tels «.

> Muſes, que penſiez-vous, quand la Mort l'a ſurpris ?
> Etiez-vous, dites-moi, en quelque profond ſomme ?
> Parmi vous & les Dieux, il étoit en grand prix :
> Il a vécu comme eux, il eſt mort comme un homme.

> Mais lequel doit-on plus admirer ou pleurer ;

Admirer fes beaux ans , ou bien pleurer fa perte !
Quant à moi , je ne puis me laffer d'admirer ,
Non plus que de pleurer, la Mort qu'il a foufferte.

Non , non , ce n'eft affez de répandre des pleurs :
Ne reftons après lui , fa mort nous fait envie ;
Et fuivons au Tombeau, accablés de douleurs ,
Celui dont on ne peut approcher de la vie.

» Ne fembleroit-il pas , continue M. Dumouftier , que c'eft-là
» à peu près ce qu'on a dit , & ce qu'on devoit dire fur la Mort
» de M. de Voltaire lui-même ? C'eft ajouter à fon Eloge, que
» de rappeller qu'un de fes Ancêtres a mérité & obtenu un pa-
» reil hommage ; & cette circonftance eft remarquable , & peut-
» être unique dans une même Famille , après deux Siécles d'in-
» tervalle entre les deux époques. Quoi qu'il en foit , voici la
» Lettre dont M. de Voltaire m'honora peu de temps avant fa
» mort : elle eft datée de Paris , le 7 Avril 1778 : *Monfieur ,*
» *l'Ifle de Délos eut fon Apollon , la Sicile fes Mufes , &*
» *Athènes fa Minerve. Les Villes de Loudun & de S.-Loup ,*
» *à l'exemple des fept Villes qui combattirent autrefois pour la*
» *Naiffance d'Homère , voudroient-elles aujourd'hui combattre*
» *pour être le lieu de la Naiffance de mes Ancêtres ? Je n'ai au-*
» *cune voie de conciliation à leur propofer. Si cette découverte*
» *les intéreffe , elles ne manqueront pas de moyens pour la faire.*
» *Les Vers que fit* Antoine Dumouftier , *un de vos Ancêtres ,*
» *fur la Mort de* René Arouet , *qui peut auffi être un des miens ,*
» *font animés d'un caraĉtère d'amitié qui fait honneur au cœur*
» *de celui qui les a écrits. Puifque vous travaillez à l'Hiftoire*
» *de votre Province , évitez avec foin le trop grand flegme du*
» *ftyle affez ordinaire aux Perfonnes qui , comme vous , par état*
» *ou par goût , s'appliquent aux Mathématiques. Je fuis , avec*
» *toute la confidération que vous méritez , &c.* «

Signé , AROUET DE VOLTAIRE.

Anecdote & Sentiment du Roi de Prusse, sur la Henriade.

IL se débita, à Paris, une Satyre en Vers indécens, contre le Duc d'Orléans, alors Régent du Royaume. Un La Grange, Auteur de cette œuvre de ténébres, pour éviter d'être soupçonné, trouva le moyen de la faire passer sous le nom de M. de Voltaire. Le Gouvernement agit avec précipitation ; le jeune Poëte, tout innocent qu'il étoit, fut conduit à la Bastille, où il demeura quelques mois. Mais, comme le propre de la vérité est de se faire jour plus tôt ou plus tard, le coupable fut puni, & M. de Voltaire justifié & relâché. Croira-t-on que ce fut à la Bastille même que notre jeune Poëte composa les deux premiers Chants de sa *Henriade* ? Cependant cela est vrai : sa Prison devint un Parnasse pour lui, où les Muses l'inspirèrent. Ce qu'il y a de certain, c'est que le second Chant est demeuré tel qu'il l'avoit d'abord minuté, faute de papier & d'encre ; il en apprit les Vers par cœur, & les retint.

L'Histoire rapporte que Virgile, en mourant, peu satisfait de l'*Énéide*, qu'il n'avoit pu autant perfectionner qu'il l'auroit désiré, voulut la brûler. La longue vie dont jouit M. de Voltaire, lui permit de limer & de corriger son Poëme de la *Ligue*, & de le porter à la perfection où il est parvenu sous le nom de la *Henriade*. Les envieux de notre Auteur lui reprochèrent que son Poëme n'étoit qu'une imitation de l'*Énéide* ; & il faut convenir qu'il y a des Chants dont les sujets se ressemblent ; mais ce ne sont pas des copies serviles. Si Virgile dépeint la destruction de Troye ; Voltaire étale les horreurs de la S.-Barthélemi : aux Amours de Didon & d'Enée, on compare les Amours de Henri IV & de la belle Gabrielle d'Estrée : à la descente d'Énée aux Enfers, où Anchise lui découvre la postérité qui doit naître de lui, l'on oppose le Songe de Henri IV, & l'avenir que S.-Louis dévoile, en lui annonçant le destin des

Bourbons. Si j'ofois hazarder mon fentiment, j'adjugerois l'a-
vantage de deux Chants au François, à fçavoir celui de la S.-
Barthélemi, & du Songe de Henri IV. Il n'y a que les Amours
de Didon où il paroît que Virgile l'emporte fur Voltaire, parce
que l'Auteur Latin intéreffe & parle au cœur, & que l'Auteur
François n'emploie que des Allégories. Mais fi l'on veut exa-
miner ces deux Poëmes de bonne-foi, fans préjugés pour les
anciens, ni pour les modernes, on conviendra que beaucoup
de détails de l'*Énéide* ne feroient pas tolérés de nos jours, dans
les Ouvrages de nos Contemporains : comme, par exemple,
les honneurs funèbres qu'Énée rend à fon Père Anchife ; la
Fable des Harpies ; la Prophétie qu'elles font aux Troyens,
qu'ils feront réduits à manger leurs affiettes, & cette Prophétie qui s'accomplit : la Truie avec fes neuf petits, qui défigne
le lieu d'établiffement où Énée doit trouver la fin de fes travaux ; fes Vaiffeaux changés en Nymphes ; un Cerf tué par
Afcagne, qui occafionne la guerre des Troyens & des Rutules ;
la haine que les Dieux mettent dans le cœur d'Amate & de
Lavinie, contre cet Énée que Lavinie époufe à la fin. Ce font
peut-être ces défauts dont Virgile étoit lui-même mécontent,
qui l'avoient déterminé à brûler fon Ouvrage, & qui, felon
les fentimens des Cenfeurs judicieux, doivent placer l'*Énéide* au
deffous de la *Henriade*. Si les difficultés vaincues font le mérite
d'un Auteur, il eft certain que M. de Voltaire en trouva plus à
furmonter que Virgile. Le Sujet de la *Henriade* eft la Réduction
de Paris, due à la Converfion de Henri IV. Le Poëte n'avoit
donc pas la liberté de mouvoir à fon gré le fyftême merveil-
leux ; il étoit réduit à fe borner aux Myftères des Chrétiens,
bien moins féconds en Images agréables & pittorefques, que
n'étoit la Mythologie des Gentils. Toutes-fois on ne fçauroit lire
le deuxiéme Chant de la *Henriade*, fans convenir que les charmes
de la Poéfie ont le don d'ennoblir tous les Sujets qu'elle traite.

F I N.

ORDRE DES LIVRAISONS.

Défauts constatés sur le document original

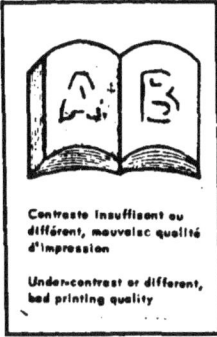

Contraste insuffisant ou différent, mauvaise qualité d'impression

Under-contrast or different, bad printing quality